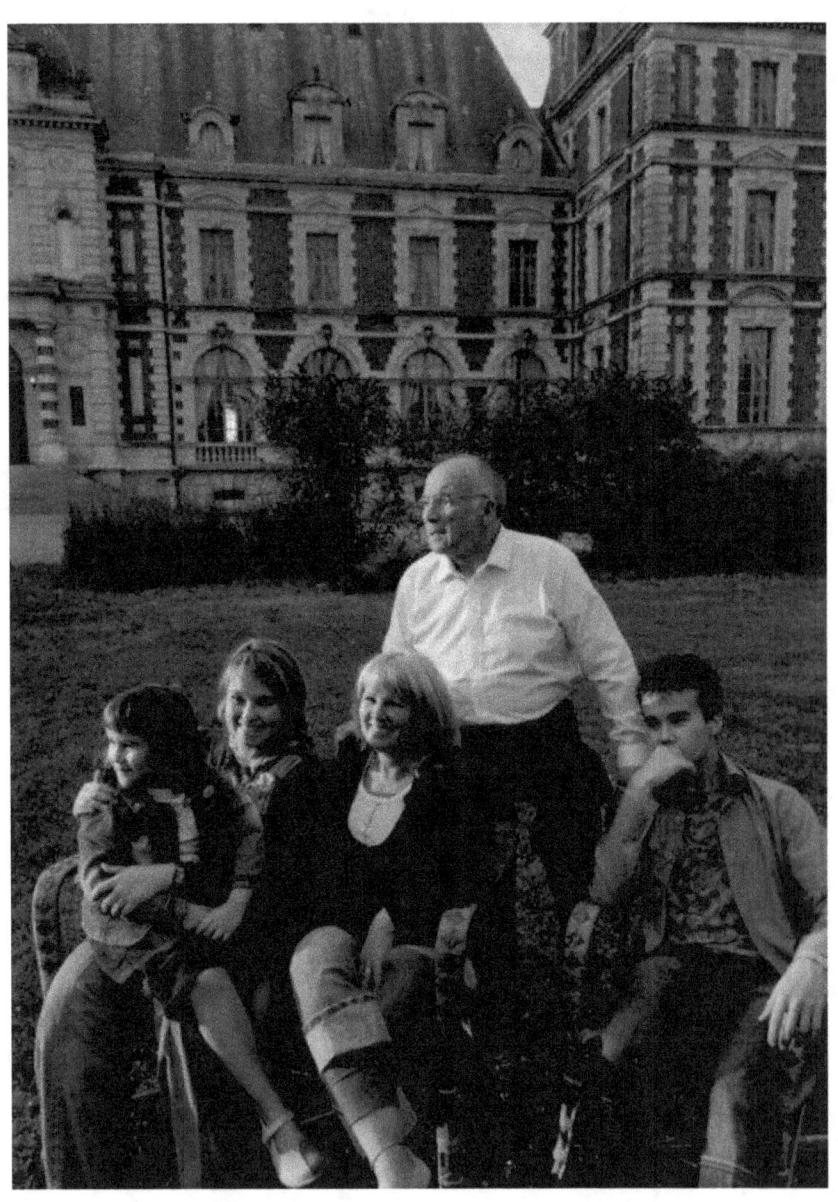

Recettes salées, sucrées au château de Villersexel

ISBN 9782810625260

©2012 Corinne POTET

Le Code de la propriété intellectuelle interdit les copies ou reproductions destinées à une utilisation collective. Toute représentation ou reproduction intégrale ou partielle faite par quelque procédé que ce soit, sans le consentement de l'auteur ou de ses ayants cause, est illicite et constitue une contrefaçon sanctionnée par les articles L. 335-2 et suivants du Code de la propriété intellectuelle.

Corinne POTET

Recettes salées, sucrées au château de Villersexel

À Jean-Pierre,
Séphora, Basin-Jules, Oriane

Table des matières

Toasts aux poires 11
Toasts aux tomates 11
Toasts aux moules 11
Potage campagnard 12
Potage aux lentilles 13
Soupe à l'oseille 13
Soupe au pistou 14
Salade de pommes de terre de Jeanne 15
Salade de pommes de terre aux cervelas 16
Terrine de lapin 16
Terrine de campagne 17
Saumon dit fumé 17
Filets de maquereaux 18
Quenelles de foie 19
Quenelles de foie Mercky 20
Conserve de tomates vertes 21
Méli-mélo de fruits 21
Bouchées à la reine 22
Coulis de tomates à la viande 23
Ketchup 24
Sauce alsacienne "Bibbelekäs" 24
Sauce au yaourt 25
Boulettes de viande 25
Pot-au-feu 26
Sauce pour pot-au-feu 27
Foie de canard 27
Pommes-de-terre de la Marquise 28
Dinde farcie 29
La veille de Noël au Château 31
La légende de Tante Arie 33
Riz merveilleux 34
Galettes de céréales 34
Purée de pommes de terre de Jeanne 35
Galettes de pommes de terre 36
Poivrons farcis 36

Crêpes	37
Crêpes du Marquis	38
Crêpes aux morilles	38
Pain en pudding	39
Pain perdu	40
Crumble aux fruits rouges	41
Gaufres	42
Pain d'épices moelleux	43
Nid d'abeille	44
Tarte aux pommes	46
Kougelhopf	47
Jean - Bonhommes	48
Gâteau d'anniversaire de Jeanne	49
Gâteaux roses	50
Crème à la rose	50
Gâteau au chocolat et aux épices	51
Cake aux fruits confits	52
Petits fours de Noël ou Schwowebretles	53
Biscuit roulé à la framboise	54
Bonbons au café	55
Bonbons à la menthe	55
Caramels mous	56
Limonade	56
Hydromel	57
Sirop aux oranges	57
Tableau de correspondance des graduations	58
Poids et mesures	59

Adresse :
63 Place de l'Hôtel de Ville - 70110 VILLERSEXEL
Tél : 03 84 20 51 53 ; Fax : 03 84 20 50 36

Toasts aux poires

Préparation 5 min / cuisson 15 min
500 g de pain de mie
8 poires fraîches ou au sirop
16 lamelles de fromage à croque-monsieur
1 boîte de fromage aux herbes (Boursin)

Mode et cuisson. Étaler le Boursin sur les tranches de pain de mie coupées en deux, puis poser dessus les demi-poires et couvrir avec les lamelles de fromage. Laisser dorer au four pendant 15 min, thermostat 6. Servir de suite.

Toasts aux tomates

500 g de pain de pie
60 g de beurre
5 grosses tomates
16 lamelles de fromage à croque-monsieur
50 g de beurre

Mode et cuisson. Beurrer les tranches de pain de mie coupées en deux, ajouter les demi-rondelles de tomates coupées fines et couvrir avec les lamelles de fromage. Mettre dans un four préchauffé et laisser dorer les toasts pendant 15 min, thermostat 6 à 7 (210°). Servir de suite.

Toasts aux moules

1 pot de 125 g de brandade de morue
1 bocal de moules pour apéritif à la Provençale
1 pain de mie tranché pour apéritif

Préparation. Étaler la brandade de morue froide sur les tranches de pain de mie. Décorer chaque tranche avec une moule égouttée. Servir.

Potage campagnard

2,5 l d'eau
400 g de lard fumé, grillé dans du beurre
200 g de haricots Soissons, trempés une nuit
1 bouillon cube bœuf ou poule
1 oignon
1 gousse d'ail écrasée
2 carottes en rondelles
2 poireaux coupés en deux
½ chou vert
½ céleri rave
1 pincée d'herbes de Provence
Sel, poivre

Mode et cuisson. Mettre le tout dans une cocotte et cuire à feu doux pendant 20 min.

2 tomate coupées en dés - Ajouter au bouillon et laissez cuire encore 30 min.
2 tomates coupées en dés, 3 pommes de terre épluchées - Verser le potage dans un plat à gratin.
6 tranches de pain rassis doré - Gratter les tranches de pain avec la gousse d'ail et
1 gousse d'ail écrasée - les ranger sur le potage
100 g de gruyère râpé - Parsemer

Pour gratiner : 10 min dans un four thermostat 7.

Potage aux lentilles

250 g de lentilles
50 cl de vin rouge - Tremper les lentilles dans le vin rouge pendant 4 h.
2 oignons émincés
50 g de beurre
100 g de lard fumé en dés - Dorer les oignons et le lard fumé dans une cocotte
2 c. à soupe de farine - Saupoudrer et mélanger
1 litre d'eau
1 bouillon cube de bœuf - Verser sur la préparation et faire bouillir
2 pommes de terre coupées
3 carottes coupées
1 poireau coupé
2 feuilles de laurier
Sel et poivre - Ajouter les lentilles et le vin rouge. Laisser mijoter.

Cuisson : 1 h.

Suggestion : Sur la soupe chaude, ajouter quelques cuillerées à soupe de crème épaisse et du persil haché.

Soupe à l'oseille

150 g de feuilles d'oseille
30 g de beurre - Dans une marmite, fondre les feuilles d'oseille avec le beurre.
1 litre de bouillon de poule, cube - Mouiller avec le bouillon
5 petites pommes de terre en morceaux, 2 tomates coupées en dés - Ajouter. **Cuisson**. 20 min

Soupe au pistou

Préparation 30 min / cuisson 30 min
1 kg de haricots blancs en grains frais ou en boîte
250 g de fèves fraîches ou 250 g de petits pois congelés
150 g de haricots mange-tout coupés
250 g de courgettes coupées en dés
2 c à soupe d'huile d'olive
250 g de pommes de terre pelées, 250 g de carottes coupées en cubes et 250 g de tomates fraîches pelées coupées en dés
1 branche de céleri
1 bouillon cube de poule
1 oignon, 2 gousse d'ail
Sel et poivre - Mettre tous les ingrédients dans un faitout, couverts d'eau froide. Porter à ébullition et laisser cuire pendant 30 min.

Pistou :
4 gousses d'ail
1 bouquet de basilic - Piler le tout dans un mortier
250 g de tomates pelées
Écrasées et égouttées
1 dl d'huile d'olive - Ajouter

Garniture :
100 g de fromage râpé

Mode et cuisson : Servir la soupe dans une soupière et présenter le pistou et le fromage à part.

Salade de pommes de terre de Jeanne

Préparation 15 min / cuisson 30 min
8 pommes de terre
1 verre de lait
1 cuillère à soupe de moutarde
4 cuillères à soupe d'huile
2 cuillères à soupe de vinaigre d'alcool coloré
Sel, poivre
2 échalotes
Ciboulette ou persil

Mode et cuisson. Laver les pommes de terre avec la peau et les placer dans une casserole d'eau froide salée. Faire cuire pendant 30 min.
Pendant ce temps, préparer la vinaigrette. Écraser les échalotes avec la moutarde, puis ajouter en remuant l'huile, le vinaigre, sel et poivre.
Quand les pommes de terre sont cuites, les éplucher chaudes, les couper en rondelles, les placer dans un plat de service et verser dessus le lait chaud.
Laisser refroidir, égoutter le lait et verser la vinaigre sur les pommes de terre.
Parsemer de ciboulette ou de persil finement coupé.

Suggestion : Cette recette peut être réalisée avec des pommes de terre froides, réchauffées aux micro-ondes. Il est important que les pommes de terre soient chaudes quand vous y versez le lait chaud dessus.

Salade de pommes de terre aux cervelas

600 g de pommes de terre en robe des champs pelées, coupées en rondelles
2 cervelas
Sauce :
3 c. à soupe de mayonnaise forte
2 c. à soupe de crème liquide
1 c. à soupe de vinaigre d'alcool
Ciboulette ciselée
1 c. à soupe de raifort - Mélanger et assaisonner.

Terrine de lapin

Préparation 15 min / cuisson 1 h 30 (four th. 7)
1 gros lapin désossé haché (garder les os et les filets)
350 g de veau haché
350 g de chair à saucisse
2 c. à soupe d'herbes de Provence
2 œufs
Sel, poivre
2 feuilles de laurier
1 verre de cognac
3 c. à soupe de farine - Mélanger tous les ingrédients.

Mode : *1 barde de lard*. Poser une barde de lard dans le fond de la terrine, recouvrir d'une couche de farce, placer dessus les filets de lapin salés et poivrés. Remettre une couche de farce et appuyer.
1 bouillon de poule (1 litre d'eau, 1 bouillon cube de poule, 1 poireau coupé, les os du lapin sel et poivre) - Cuire pendant 5 min.
Cuisson. Poser le laurier sur la terrine, y ajouter un verre de bouillon et cuire 1 h 30 à four thermostat 7, préchauffé à thermostat 8. La terrine doit rester découverte.
Laisser 1 à 2 jours au réfrigérateur avant de la consommer.
Suggestion : Servir en entrée avec une salade de mâche.

Terrine de campagne

300 g d'épaule de veau haché
300 g de collier de porc haché
300 g de foies de volailles hachées
3 œufs entiers
15 cl de crème épaisse
1 verre de vin blanc sec
1 verre de marc
20 g de sel
5 g de sucre
1 pincée de thym - Mélanger le tout

Mode et cuisson. Larder les terrines. Ajouter la préparation. Cuire au four environ 1 h 30, thermostat 7.

Saumon dit fumé

1/2 saumon frais bien dégagé des arêtes (filet)
2 c. à soupe de sel
2 c. à soupe de sucre
1 c. à café de poivre
Quelques brins d'aneth

Mode et cuisson. Enduire le saumon du mélange sel, sucre, poivre et aneth. Mettre entre 2 planches avec un gros poids dessus pendant 24 heures. Rincer à l'eau pour le débarrasser des produits, sécher avec un linge. Mettre au frais entre deux planches avec un gros poids dessus, pendant 24 h, avant de consommer.

Filets de maquereaux

Préparation 5 min / cuisson 10 min
Ingrédients pour 4 personnes
8 filets de maquereaux (petits de préférence)

Mode et cuisson. Mettre les filets dans le fond d'une casserole. Recouvrir d'eau froide. Porter à ébullition et maintenir la cuisson pendant 10 min. Sortir les filets de maquereaux et les arroser de sauce.

Ingrédients pour la sauce :
2 échalotes
2 verres (à vin) de vin blanc
2 c. à soupe de vinaigre blanc
100 g de beurre
1 jaune d'œuf
2 c. à soupe de crème
1 c. à café de farine
Sel, poivre, 1/2 c. à café de curry

Mode et cuisson. Ciseler les échalotes et les mettre dans une casserole, les faire revenir doucement, ajouter le vin blanc, le vinaigre, laisser mijoter pendant 2 min. Incorporer, en dehors du feu, le beurre en petites parcelles, le jaune d'œuf et la farine. Mélanger au fouet, assaisonner avec le sel, poivre et curry. Remettre sur feu très doux pour lier la sauce. Ajouter la crème. Réchauffer la sauce au bain-marie.

Quenelles de foie

Préparation 20 min / cuisson 10 min
3 œufs battus
2 c. à soupe de farine
Sel, poivre et noix de muscade râpée - Bien mélanger la pâte
250 g de foie de porc haché
2 oignons hachés fins
100 g de lard fumé haché
100 g de pain de mie
50 g de persil
1 gousse d'ail
30 g de beurre - Faire revenir dans une poêle avec le beurre, laisser refroidir et ajouter au mélange de pâte. Mouler les quenelles à l'aide de deux cuillères à café ou avec un couteau.

Mode et cuisson. Dans une grosse casserole, faire chauffer 2 litres d'eau salée. Plonger les quenelles dans l'eau frémissante et les pocher pendant 10 min environ, jusqu'à ce qu'elles remontent à la surface. Les retirer avec une écumoire. Les laisser égoutter sur un linge.

2 échalotes ciselées
50 g de beurre - Les réchauffer dans une poêle dans laquelle vous aurez doré les échalotes.

Suggestion : On peut servir les quenelles avec une salade chiffonnade.

Quenelles de foie Mercky

2 œufs battus
Sel, poivre, et noix de muscade râpée   - Bien mélanger la pâte
250 g de foie de génisse ou de veau haché
2 oignons hachés
125 g de lard fumé haché
100 g de pain de mie
50 g de semoule
persil
1 gousse d'ail
30 g de beurre
3 litres d'eau salée

Mode et cuisson. Mélanger tous les ingrédients. Façonner des quenelles et les pocher dans l'eau frémissante. Les réchauffer dans une poêle beurrée et parsemer de croûtons de pain grillés dans du beurre chaud. Servir ces quenelles accompagnées d'une salade.

Conserve de tomates vertes

1 kg de tomates vertes
5 c. à soupe de sel - Les évider et les couper en deux. Les disposer dans une terrine en couches successives et chaque couche est couverte de sel. Laisser reposer 1 jour au frais.

10 cl de vinaigre de vin blanc - Égoutter et recouvrir les tomates du vinaigre. Laisser macérer 1 jour.

1 bocal
1 piment d'Espelette
1 feuille de laurier
4 gousses d'ail
Feuilles de basilic et menthe
4 c. à soupe d'huile d'olive - Égoutter les tomates, poser les ingrédients dans le bocal et recouvrir du vinaigre très chaud. Fermer le bocal et le ranger dans une réserve fraîche et sombre.

Mode et cuisson. Laisser macérer 2 semaines. Consommer avant 3 mois. Après ouverture, le laisser au réfrigérateur.

Méli-mélo de fruits

Fruits de saison
2 kg de sucre en poudre
2 litres d'eau-de-vie

Préparation. Dans une jarre en grès, une couche de fruits, une couche de sucre. Couvrir d'eau-de-vie. Recommencer avec chaque nouvelle variété de fruits de saison. Les gros fruits : abricots, pêches, seront coupés en morceaux. Le niveau de l'eau-de-vie doit dépasser le niveau des fruits. Laisser reposer 1 mois.

Bouchées à la reine
"Suppapapschtetler"

Préparation 30 min / cuisson 1h30
1 poule à cuire de 1,200 kg
2,5 l d'eau
1 verre de vin blanc sec
1 bouillon cube de poule
Légumes pour pot-au-feu (1 carotte, 1 petit navet, 1 feuille de céleri, 1 poireau, quelques feuilles de choux) - Mettre le tout dans un grand faitout et cuire doucement pendant 1 h 30. Désosser la poule et la découper en petits morceaux.

1 ris de veau - Pocher le ris de veau 10 min dans de l'eau bouillante. Le couper en petits morceaux.

1 petite boîte de champignons de Paris
12 vols au vent en pâte feuilletée
ou croûte de bouchées à la reine

Quenelles de veau :
250 g de veau haché
1 petit oignon haché
2 c. à soupe de farine
1 c. à café de semoule
1 pincée de muscade
Sel et poivre - Mélanger tous les ingrédients et former des boulettes. Les laisser frémir 20 min dans du bouillon de poule.

Sauce :
50 g de beurre
1 l de bouillon de poule
2 c. à soupe de farine
1 jaune d'œuf
1 c à soupe de vinaigre d'alcool coloré
10 cl de crème fraîche - Faire fondre le beurre. Y verser la farine et diluer avec le bouillon de cuisson de la poule et des quenelles.

Ajouter dans la sauce les morceaux de viande, le ris de veau, les quenelles et les champignons égouttés. Ajouter la crème fraîche et le jaune d'œuf battu.

Mode. Mélanger tous les ingrédients : poule découpée, ris de veau, quenelles, sauce blanche et les champignons, sauf les légumes cuits. Servir chaud dans les vols au vent bien chauds.

Coulis de tomates à la viande

Préparation 30 min / cuisson 1 h
2 c. à soupe d'huile
2 oignons émincées
1 carotte mixée
1 branche de céleri
2 gousses d'ail hachées finement - Rissoler dans l'huile d'olive les oignons et la carotte, jusqu'à ce que la préparation prenne une couleur marron, ajouter les 2 gousses d'ail.
250 g de bœuf haché - Ajouter en continuant à rissoler.
1 tube de concentré de tomates - Idem
250 g de tomates pelées, concassées en boîte
1 bouillon cube de bœuf
Sel et poivre
1 c. à soupe de basilic - Ajouter les autres ingrédients.

Cuisson. Environ 1 h à petits bouillons et à couvert. Ajouter de l'eau si besoin. Jeter une poignée de petits pois congelés en fin de cuisson.

Suggestion. Cette sauce accompagne les pâtes ou les boulettes de viande. Peut se conserver dans des barquettes au réfrigérateur.

Ketchup

Préparation 8 min / cuisson 1 h
Ingrédients pour 8 personnes
1 kg de tomates concassées
1 kg d'oignons émincés
500 g de sucre cassonade
40 cl de vinaigre de cidre
4 clous de girofle
1 c. à soupe de poivre en grains - Cuire 30 min dans une casserole et mouliner
1 c. à café de paprika doux
1 pointe de couteau de piment fort en poudre
Sel - Ajouter en fin de cuisson.
Conservation : Mettre dans des bocaux de 500 g et les stériliser pendant 15 min. Utiliser avant 3 mois.

Sauce alsacienne "Bibbelekäs"

2 litres de lait caillé ou 1 kg de fromage blanc fermier égoutté
25 cl de crème épaisse
Sel, 3 c à café de ciboulette
2 gousses d'ail, 1 échalote et un gros oignon coupés finement
Cumin en grains, selon

Mode et cuisson. Laisser égoutter le lait caillé à travers un tissu de lin, pendant toute une nuit. Le mettre dans un récipient, le saler, ajouter la crème et mélanger. Si nécessaire, ajouter 1 ou 2 cuillerées de lait. Selon goût, mélanger, soit de la ciboulette, soit des échalotes et ail hachés finement, soit du cumin.

Sauce au yaourt

2 échalotes émincées
1 cornichon haché
1 c. à soupe de câpres hachées
150 g de mayonnaise
100 g de yaourt
1 c. à café de moutarde
Sel et poivre
Ciboulette hachée - Mélanger tous les ingrédients.

Boulettes de viande

Préparation 20 min / cuisson 15 min
500 g de viande crue de bœuf hachée ou de viande de pot-au-feu
1 oignon émincé
1 échalote émincée
1 c. à soupe de persil haché
1 œuf
100 g de pain de mie trempé dans du lait (1 bol environ)
1 c. à soupe de farine
Sel et poivre - Mettre tous les ingrédients dans un saladier et mélanger.

Façonnage. Former des boulettes avec les mains et les aplatir légèrement. Les rouler dans une assiette creuse remplie de chapelure.
Cuisson. Huile ou beurre dans une poêle. Dorer les boulettes 3 à 4 minutes de chaque côté et laisser mijoter doucement pendant 15 min.

Suggestion : Les boulettes peuvent être assaisonnées à l'orientale.
Ajouter : 1 c. à café de curry
 1 c. à café de paprika
 2 c. à café de raisins secs.

Pot-au-feu

Préparation 20 min / cuisson 2 h 30
Pour 6 personnes :
3 l d'eau (ou plus, pour couvrir tous les ingrédients)
1,5 kg de bœuf (filet, macreuse, gîte...)
1 kg de plat de côtes
1 oignon piqué de 3 clous de girofle, 1 gousse d'ail
Os à moelle - Porter à ébullition et écumer. Laisser mijoter 1 h 30
1 bouquet garni, sel, poivre en grains
2 bouillon cube (légumes ou viande) - Ajouter et couvrir
1 kg de carottes entières
1 chou vert coupé en 4
1 céleri rave et 1 branche de céleri
6 blancs de poireaux - Ajouter
1 kg de pommes de terre
500 g de navets
200 g de tomates - Ajouter au bout de 2 h de cuisson et laisser mijoter encore 30 min à couvert

Mode et présentation : Servir les légumes et la viande coupée en tranches (enlever les ficelles) dans un grand plat. Accompagner de cornichons, gros sel et salade de concombres à la crème.

Sauce pour pot-au-feu

10 louches de bouillon de pot-au-feu
2 c. à soupe de moutarde forte
1 c. à soupe d'oignons coupés fins
2 c. à soupe de vinaigre balsamique
3 c. à soupe d'huile d'olive
1 c. à soupe de câpres hachées
1 c. à soupe d'herbes de Provence
2 c. à soupe de cornichons coupés fins
2 c. à soupe de tomates coupées en dés
Sel aux aromates ou sel fin, poivre

Mode et cuisson. Mettre dans une casserole, la moutarde, ajouter les oignons, le vinaigre, les câpres, les cornichons, les tomates, l'huile d'olive et mélanger. Ajouter le bouillon, les herbes, le sel et le poivre.
Réchauffer le tout, sans porter à ébullition, et servir en accompagnement avec les légumes du pot-au-feu.

Foie de canard

1 kg de foie de canard
1 verre de vin (pas très plein) de Porto
Sel, poivre
750 g de beurre

Mode et cuisson. Mettre le foie dans une casserole au bain-marie avec le verre de Porto, le sel et le poivre. Porter à ébullition. Les foies doivent être à peine cuits. Passer à la moulinette. Ajouter les 750 g de beurre. Bien pétrir. Verser dans de petites terrines (la congélation est possible) et laisser refroidir une journée avant de les consommer.

Pommes-de-terre de la Marquise

Préparation 10 min / cuisson 60 min
Recette pour 6 personnes
8 pommes de terre
(nouvelles ou à purée) - Les laver, les couper en deux dans le sens de la longueur et les placer sur un plat allant au four, beurré, côté plat au-dessus. Cuisson 60 min.

Garniture
Cumin en grains + 1 lamelle de beurre - sur chaque pomme-de-terre
Une feuille de persil - sur chaque pomme-de-terre
Poivre et sel

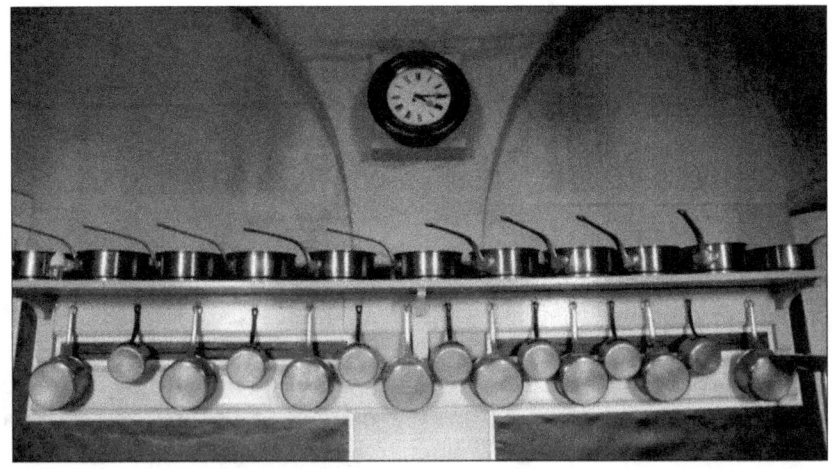

Ancienne cuisine

Dinde farcie

Préparation 20 min / cuisson 1 h 45
Pour 8 à 10 personnes
Le foie de la dinde
2 échalotes
1 gousse d'ail
1 oignon - Hacher
250 g de mie de pain trempé dans du lait
et 1 œuf entier
Huile ou beurre à rôtir
3 pommes dorées dans du beurre = ½ verre d'eau-de-vie
200 g de veau rissolé avec 100 g de lard haché à rissoler
5 cl de crème
1 petite c. de persil haché
1 carotte, 1 échalote et 1 oignon émincés
200 g de marrons grillés, hachés grossièrement
Sel et poivre - Bien mélanger et répartir la préparation à l'intérieur de la dinde
1 dinde de 3 à 4 kg - Rincée à l'eau froide et épongée. Saler la dinde à l'extérieur.

Mode et cuisson. Mélanger le tout et introduire cette farce dans la dinde, la brider.
Poser la dinde dans un plat à rôtir et la badigeonner de graisse d'oie. Mettre au four pendant 1 h 45, thermostat 4/5 (il faut qu'elle soit dorée). Quand la volaille commence à dorer, la retourner et ajouter 3 verres d'eau dans le plat. Au cours de la cuisson, arroser la dinde.
5 c. à soupe de graisse d'oie
1 kg de marrons cuits
3 verres d'eau - Chauffer la graisse d'oie et l'eau dans une casserole et y ajouter les marrons.

Service : Dresser la dinde chaude sur un plat long. L'entourer avec les marrons et présenter le jus de la dinde dans une saucière.

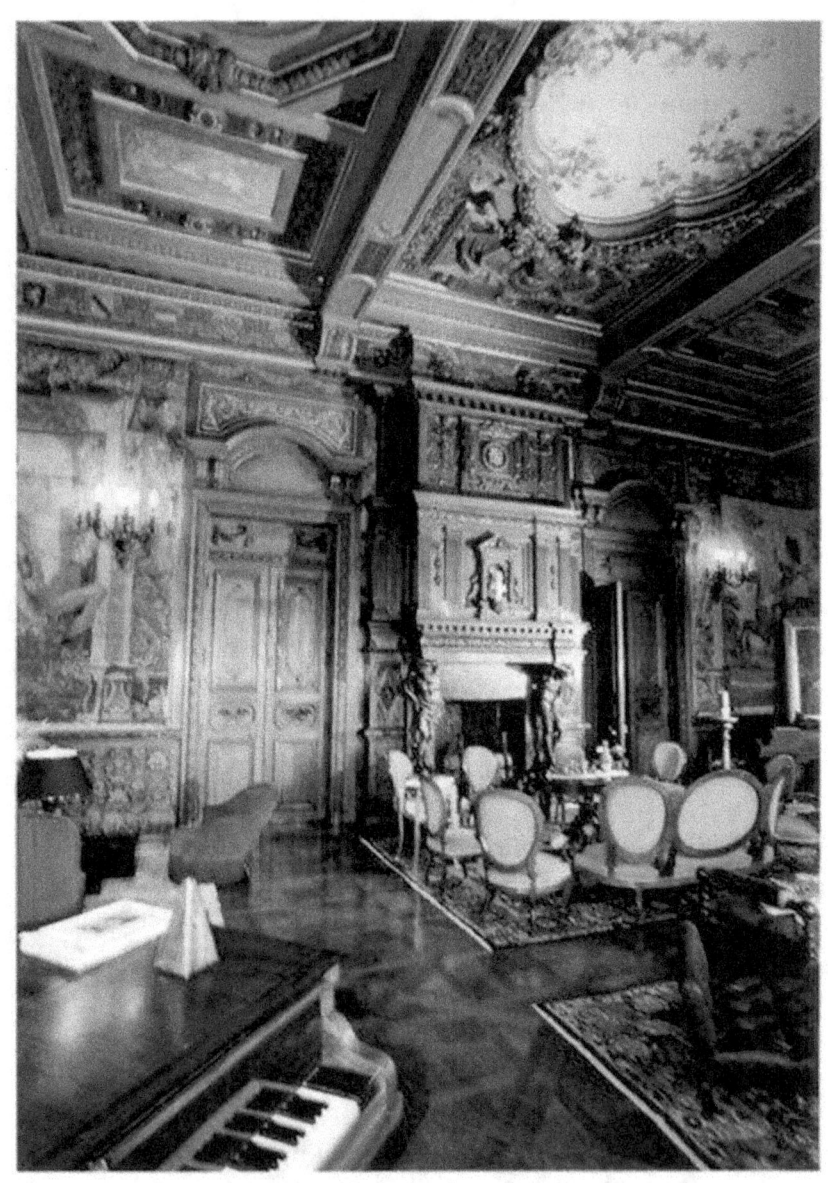

Grand salon

La veille de Noël au Château

Une masse fugitive, le Château de Villersexel, apparaît dans la nuit qui s'étend sur le village. Ma maison, monument énorme, indomptable qui recèle des trésors inépuisables. Caverne d'Ali Baba, bric-à-brac, je connais tout, chaque chose à sa place : la moindre boîte marquetée, le tableau en biais, la commode de Suzon, la pendule de Jeanne, les pianos à rouleaux, les tapisseries des Gobelins ou la tapisserie aux petits points de Saint Georges terrassant le dragon.
La liste n'est pas exhaustive. Je me demande pourquoi on peut avoir tant de choses inutiles. Je sais aujourd'hui que les objets nous rapprochent de nos ancêtres et nous prouvent que ce n'était pas des rêves.
Les lampes disposées tout autour du grand salon, délimitent un cercle de lumière pâle. Dans la clarté de la fenêtre s'élève un sapin couvert de boules colorées. Une joyeuse flambée dans la cheminée réchauffe la pièce. Depuis la porte ouverte, on aperçoit la grande table de la salle à manger dressée. Chandeliers d'argent, linges brodés, assiettes de porcelaine, verres étincelants, tout est disposé harmonieusement. Je m'active à l'office d'où provient des arômes de cannelle, de gâteau et de civet.
Après un dîner de foie gras, puis d'une belle oie aux marrons, de bûche au chocolat et de fruits, mes enfants, deux filles, un garçon, attendent sagement que le père Noël sonne à la porte.
« Les enfants, il est l'heure ! C'est le moment de regagner vos chambres ».

Douces heures, moments de béatitudes et de charme gravés dans nos souvenirs d'enfance ! Les souvenirs m'envahissent, combien de veillées de Noël, depuis mon enfance ? Quand nos parents nous accompagnaient jusqu'à notre chambre de la maison « chez Jean-Louis ». Avant Noël, nous retournions dans cette maison pour les fêtes. Nous courions vite nous réfugier sous les gros édredons de duvet, recouverts d'une toile de lin rugueuse. Les carreaux de notre chambre étaient gelés. Quelquefois nous jugions de la froidure en crachant sur la vitre.

La veillée des enfants était finie. Juste avant le sommeil, on allait revivre ce moment magique, celui où le silence et la pénombre se rejoignent et font place à la liesse en attendant patiemment le retour de tante Arie. Protégées par nos édredons de duvet, on avait peur. Dans le clair-obscur, près de la fenêtre, la pendule rythmait notre silence. Peur des bruits, peur d'une présence inventée, ma sœur me disait : « Chut...Y'a le fantôme, va voir ! »
C'est vrai qu'il y avait un fantôme. Gentil, une âme perdue, on ne savait pas qui il était : un homme ou une femme. Seulement des pas et des soupirs. Le plancher de la chambre laissait monter les voix feutrées de nos parents. Puis des chuchotements, le son d'une clochette et des bruits familiers. L'oreille collée à la porte de notre chambre, j'appelais ma sœur, d'un geste de la main. C'était le signe espéré et attendu. En chemise de nuits, les pieds nus, grelottantes et hésitantes, nous descendions l'escalier. Nous pouvions enfin voir nos jouets, posés au pied du sapin. Les sourires de nos grands-parents, de nos parents n'avaient pas de fin, exagérés par les ombres délicates des fines bougies allumées, pincées sur le sapin.

La légende de Tante Arie

Pas de Saint Nicolas, ni de père fouettard, ni de père Noël, la tante Arie remplaçait tous ces personnages de contes. Vieille femme au visage encore jeune, malgré les ans elle avait des pattes d'oies à la place de ses pieds. Vêtue chaudement, un bâton à la main, accompagnée de son âne qui portait sur son dos deux gros paniers remplis de jouets et de friandises, qu'elle distribuait, la veille de Noël aux enfants sages. Elle habitait une grotte dans la forêt du Lomont (Le Lomont est une montagne, quasiment la plus au nord des Montagnes du Jura, au pied du massif du Lomont pas très loin de Pont-de-Roide et de Montbéliard). Elle entreposait dans sa grotte tous les jouets pour plusieurs Noël.

On suppose que Tante Arie est Henriette d'Orbe, épouse du Comte de Wurtemberg, qui à la mort de son époux, géra ses terres franc-comtoises. Très bonne avec les paysans et les pauvres, elle fut surnommée « la bonne comtesse » par les habitants du Pays de Montbéliard.

Certains pensent qu'elle avait fait tant de bien dans sa vie qu'après sa mort, en 1444, on lui attribua tout naturellement, auprès des enfants, les présents de Noël. La bonne comtesse Henriette serait ainsi devenue la Tante Henriette, puis, plus simplement, la Tante Arie. (extrait de France, terre de sorciers)

Elle jouait aussi de mauvais tours. Bonne fileuse, elle ne supportait pas les paresseuses qui ne savaient pas bien utiliser leur quenouille : elle leur emmêlait leurs fils … au point qu'il était conseillé de vider les fuseaux la veille de Noël, pour qu'elle ne vienne pas y toucher. En revanche, la jeune fille la plus habile du pays était censée recevoir de la Tante Arie une bourse pleine d'or en guise de dot et un bon mari !

Elle prenait également un malin plaisir à demander l'hospitalité sous les déguisements les plus divers afin de mieux connaître les familles et encourager les familles les plus méritantes. Elle observait en même temps les enfants et apparaissait dans leurs rêves pour les corriger en songe s'ils avaient été méchants.

Riz merveilleux

Pour 6 personnes :
Huile d'olive
2 gros oignons
Courgettes (double du volume des oignons)
Tomates
3 poignées de riz
Thym, laurier
Sel et poivre

Mode et cuisson. Couper les oignons, les faire revenir à l'huile d'olive.
Couper les courgettes, les faire revenir à l'huile d'olive.
Mettre dans un plat à gratin, ajouter les tomates coupées en cubes, le riz, le thym, le laurier, le sel, le poivre. Couvrir d'eau (à peine). Mettre au four thermostat 5 pendant 45 min.

Galettes de céréales

Pour 8 personnes :
2 œufs entiers
100 g de couscous ou de boulgour ou (blé vert, épeautre pilpil...)
1 gros oignon émincé
75 g de farine
1 petit pot de crème fraîche
2 c. à soupe d'huile d'olive
2 c. à café de levure chimique
150 g de gruyère râpé
Sel, poivre ou sel aux herbes

Mode et cuisson. Couvrir les céréales d'eau froide et laisser tremper 30 min. ajouter tous les autres ingrédients, jusqu'à l'obtention d'une pâte assez liquide. Saler selon votre goût.

Huile pour friture. Chauffer l'huile dans une grosse poêle. Verser dans l'huile chaude 4 à 6 c. à soupe séparées de pâte. Dorer les galettes de chaque côté.
Sauce :
50 cl de crème fouettée
1 c. à café de curry
½ c. à café de paprika
Un peu de ketchup, sel - Mélanger le tout et servir les galettes chaudes avec cette sauce.

Purée de pommes de terre de Jeanne

Préparation 5 min / cuisson 30 min
1 litre d'eau bouillante salée
1 kg de pommes de terre épluchées,
coupées en quatre
1 gousse d'ail
1 poireau coupé en quatre
dans le sens de la longueur - Cuire les pommes de terre, le poireau et les autres ingrédients dans l'eau salée pendant 30 min. égoutter et mouliner tous les ingrédients. Réserver dans un saladier.
¼ de litre de lait bouillant
50 g de beurre
2 c. à soupe de crème fraîche - Mouiller la purée petit à petit avec le lait bouillant en travaillant avec une spatule. Ajouter le beurre et la crème.

Mode et cuisson. Réchauffer la purée recouverte d'un film plastique aux micro-ondes dans le plat de service.

Galettes de pommes de terre

18 galettes environ. Pour 6 personnes
1 kg de pommes de terre farineuses - Cuire en robe des champs et les mouliner.
1 œuf
3 c. à soupe de farine
1 pincée de sel, poivre - Ajouter

Mode :
Chapelure - Mélanger tous les ingrédients, puis façonner des galettes assez plates et rondes. Les recouvrir de chapelure.
50 g de beurre
1 poêle - Fondre le beurre dans la poêle et dorer les galettes.
Conseil : Vous pouvez accompagner les galettes d'une salade verte et d'une tranche de fromage de Brie ou de la cancoillotte chaude.

Poivrons farcis

80 g de beurre
4 oignons émincés - Dorer les oignons émincés
300 g d'épeautre
1 l de bouillon de légumes ou de viande - Macérer l'épeautre toute la nuit, recouvert de bouillon
600 g de champignon de Paris en lamelles
50 g de beurre - Ensuite dorer les champignons avec le beurre et ajouter à l'épeautre égoutté et laisser mijoter 20 min.
6 branches de thym hachées
4 gousses d'ail écrasées
Persil haché
Sel et poivre
375 g de crème fraîche - Ajouter en fin de cuisson
10 poivrons, lavés coupés en deux et évidés
250 g de Comté râpé

400 g de cacahuètes hachées - Recouvrir les poivrons du mélange et parsemer de fromage râpé et de cacahuètes.
Gratiner : 20 à 25 min thermostat 4/5

Présentation : Servir avec une salade mélangée.

Suggestion : On peut utiliser des aubergines à la place des poivrons.

Crêpes

Cuisson : 3 min par crêpe
Pâte (pour 12 crêpes) :
250 g de farine
4 œufs
½ libre de lait
1 sachet de sucre vanillé
1 pincée de sel
50 g de beurre fondu
1 c. à soupe de Cognac - Mélanger dans un saladier tous les ingrédients avec un fouet. Graisser avec une noix de beurre le fond d'une poêle à crêpes. Il est recommandé de laisser reposer la pâte au moins ½ heure.

Cuisson :
1 noix de beurre - Chauffer le beurre dans une poêle. Le beurre doit être très chaud, y verser une louche de pâte pour recouvrir la poêle d'une couche fine. Laisser dorer et retourner.

Crêpes du Marquis

Faire une pâte à crêpes avec un peu plus d'œufs (donc une pâte plus riche). Mettre dans des petites poêles un gros morceau de beurre, quelques tranches de pommes clairsemées, couvrir d'un demi-centimètre, à peine, de pâte, le tout rapidement et mettre chaque poêle à four très chaud. Ça gonfle, ça dore, on sucre et on sert vite.

Crêpes aux morilles

Faire des petites crêpes. Faire une sauce béchamel à la crème, ajouter des morilles que vous avez fait gonfler dans de l'eau chaude au moins quatre heures (ou la veille). Farcir les crêpes, les placer l'une contre l'autre dans un moule à gratin beurré. Gratiner au four (th 4) pour les servir très chaudes (bouillantes).

Béchamel :
70 g de beurre
60 g de farine
1 l de lait
Sel et poivre - Fondre le beurre dans une casserole, ajouter la farine et laisser mousser. Ajouter la crème et porter à ébullition sans cesser de remuer. Ajouter les morilles égouttées et mijoter 10 min.

Suggestion : On peut servir ces crêpes avec une salade et quelques pommes de terre grillées.

Pain en pudding

Préparation 15 min / cuisson 40 min
Recette prévue pour 4 personnes
250 g de pain de mie en tranches
50 g de beurre
50 g de sucre en poudre - Beurre et sucrer les tranches de pain de mie. Griller dans une poêle.

100 g de marmelade d'oranges - Graisser un plat et y poser les tranches grillées recouvertes de marmelade.

Liaison :
5 dl de lait
4 œufs
100 g de raisins secs trempés
100 g de sucre + vanille en poudre
50 g d'amandes moulues - Mélanger et recouvrir les tranches de pain

Cuisson : 40 min, four à 180 °
100 g de marmelade d'oranges - Servir avec les tranches de pain;

Pain perdu

4 dl de lait
3 œufs- À mélanger dans une assiette creuse.
250 g de pain de mie ou autre en tranches - Tremper les tranches de pain dans le mélange
50 g de beurre - Chauffer le beurre dans une poêle et y dorer les tranches de pain
50 g de sucre en poudre
Vanille en poudre - Mélanger et poser les tranches encore chaudes sur un plat de service et les saupoudrer de sucre.

Variante : Pour un brunch, vous pouvez couvrir les pains perdus de poitrine fumée.

Suggestion : Ce plat est délicieux l'hiver, surtout au goûter et peut être accompagné de compote de pommes.

Crumble aux fruits rouges

Préparation 15 min / cuisson 45 min
Pour 6 personnes
50 g de sucre roux
2 c. à soupe d'eau-de-vie
4 bananes
4 pommes
250 g de fruits rouges congelés ou frais
100 g de beurre
100 g de farine
50 g d'amandes et 50 g de noisettes mixées
50 g de sucre cassonade ou sucre en poudre

Mode et cuisson. Beurrer un plat allant au four avec des bords assez hauts, y ranger les bananes coupées en lamelles épaisses. Éplucher les pommes, les couper en lamelles et les faire dorer avec les 50 g de sucre roux, y ajouter les 2 c. à soupe d'eau-de-vie. Mettre les pommes rissolées sur les bananes puis ajouter les fruits rouges.
Préparer le crumble en mélangeant la farine, les amandes et noisettes mixées, le beurre (50 g) et le sucre. Mélanger le tout à la main et émietter. Étaler le crumble sur les fruits et parsemer de lamelles de beurre (50 g).

Cuisson : Placer au four à 200° thermostat 5 pendant 30 min, le dessus doit être croustillant et doré.

Décor : Servir avec une crème fouettée vanillée.

Garniture : <u>Crème fouettée vanillée</u>

50 cl de crème fraîche montée en chantilly
3 c. à soupe de sucre en poudre - Incorporer
1 c à café de vanille en poudre - Ajouter.

Gaufres

Préparation 5 min / cuisson 30 min
500 g de farine
1 sachet de levure chimique - Mélanger
125 g de beurre fondu
100 g de sucre
4 œufs
2 c. à soupe d'eau-de-vie
1 sachet de levure chimique
¾ de litre de lait froid - Ajouter et mélanger tous les ingrédients

Mode :
Huile
Sucre glace - Huiler, préchauffer le gaufrier et y placer une louche de pâte. Retirer la gaufre dès qu'elle est dorée et la saupoudrer de sucre glace.

Décor : Les gaufres sont très appréciées recouvertes de chocolat Nutella ou d'une boule de glace.

Pain d'épices moelleux

Préparation 5 min / cuisson 50 min
250 g de miel
90 g de sucre en poudre
1 verre de lait -
60 g de beurre - Fondre aux micro-ondes
275 g de farine
1 c. à café de bicarbonate alimentaire
1 à 2 c. à café d'épices pour pain d'épices
(cannelle, anis, cardamone et 4 épices en poudre) - Mélanger tous les ingrédients et incorporer délicatement 2 blancs d'œufs battus en neige.

Mode : Remplir à moitié un moule à cake de 28 cm, beurré.

Cuisson : Cuire pendant 50 min à thermostat 5-6.

Suggestion : On trouve le bicarbonate en pharmacie ou dans les grandes surfaces, les épices en mélange tout fait chez votre marchand d'olives au marché.

Nid d'abeille

150 g de beurre - Travailler en pommade ou fondre aux micro-ondes
500 g de farine
70 g de sucre en poudre
15 cl de lait
1 pincée de sel
2 œufs entiers - Amalgamer tous les ingrédients avec le lait
10 cl de lait
25 g de levure de boulangerie - Verser le lait tiède dans un bol avec la levure et mélanger
120 g de raisins blonds - Macérés dans du rhum, épongés et saupoudrés de farine
Mélanger le tout et pétrir 5 min environ. La pâte ne doit pas coller aux doigts. Verser la pâte dans le moule. Couvrir d'un torchon humide et laisser reposer dans un endroit chaud pendant 50 min.

Garniture :
100 g de beurre
100 g d'amandes effilées ou broyées
50 g de sucre en poudre
50 g de miel doux ou miel d'acacia - Dorer dans une casserole à feu vif pendant 3 min et l'étaler sur la pâte levée juste avant de la mettre au four.

Crème pâtissière :
2 jaunes d'œufs
25 cl de lait
20 g de farine
50 g de sucre en poudre
1 gousse de vanille
½ verre d'eau-de-vie

Mode. Verser le lait dans une casserole, y ajouter la gousse de vanille coupée en deux et porter à ébullition. Retirer du feu. Dans un gros bol en verre, bien mélanger au fouet les jaunes d'œufs, le sucre,

la farine et l'eau-de-vie. Délayer avec le lait refroidi et épaissir sur le feu doux sans cesser de remuer.
Moule : Badigeonner un moule à biscuit de 24 cm de diamètre de beurre.

Cuisson : Préchauffer le four à 210° (th. 7). Enfourner le nid d'abeille (th ¾) et laisser cuire 30 à 40 min, jusqu'à l'obtention d'une belle couleur dorée.

Mode : Retirer le gâteau du four et le laisser refroidir. Le couper horizontalement et le fourrer de crème pâtissière.
Suggestion : On peut utiliser comme garniture de la crème chantilly vanillée mélangée à la crème pâtissière.

Tarte aux pommes

Pâte sablée :
250 g de farine
125 g de beurre
3 c. à soupe de sucre en poudre
1 jaune d'œuf
2 c. à soupe d'eau
1 pincée de sel - Mélanger tous les ingrédients sans trop pétrir la pâte et la laisser reposer une heure à température ambiante.

Garniture :
5 pommes épluchées - Coupées en lamelles, rangées sur le fond de tarte
2 œufs
5 c. à soupe de crème fraîche
2 c. à café de poudre pour pudding (vanille)
1 paquet de sucre vanillé
1 c. à café de cannelle
½ c. à café d'anis vert
1 vingtaine d'amandes coupées grossièrement au couteau - Mélanger tous les ingrédients et recouvrir les pommes.

Mode : Graisser la tôle avec du beurre. Abaisser la pâte et la piquer avec une fourchette. Ranger les pommes sur le fond de la tarte. Préparer la garniture : battre les œufs, ajouter tous les ingrédients. Verser cette préparation sur la tarte.

Cuisson : environ 40 min à 220°. Démouler la tarte froide.

Kougelhopf

Préparation 5 min / cuisson 45 min
¼ de litre de lait tiède, soit 25 cl
125 g de beurre fondu
20 g de levure de boulanger - Lait tiède + beurre mou + levure à délayer
100 g de raisins secs gonflés à l'eau tiède ou avec du cognac ou du rhum, selon
500 g de farine blanche
125 g de sucre semoule
1 pincée de sel
2 œufs entiers - Mélanger tous les ingrédients et battre avec un robot électrique pendant 2 min.
Une dizaine d'amandes
10 g de beurre pour le moule
Sucre glace

Mode : La recette est prévue pour un moule de 22 cm de diamètre. Beurrer le moule et y ajouter les amandes au fond. Verser la pâte directement dans le moule et la laisser monter au-dessus d'une source de chaleur pendant environ 1 h.
Préchauffer le four (th. 8, four électrique)

Cuisson : environ 45 min (th. 3-4)
Décor : Démouler quand le moule est encore tiède et saupoudrer de sucre glace.

Conservation : 3 à 5 jours emballé dans du papier d'aluminium et au réfrigérateur.

Jean - Bonhommes

Préparation 5 min + 150 min / cuisson 20 min
250 g de beurre
½ l de lait - Fondre aux micro-ondes
1 kg de farine
2 sachets de levure chimique
2 œufs
100 g de sucre en poudre
2 pincées de sel - Ajouter et mélanger tous les ingrédients.

Travailler la pâte obtenue au batteur électrique pendant 2 min.

Mode : Laisser lever la pâte dans un endroit tiède pendant 2 h. Mettre en forme de petits bonshommes : un rond pour la tête, dessous un très gros rond pour le corps et ajouter des bras et des jambes. Poser sur une plaque beurrée et laisser à nouveau lever pendant une demi-heure.

Cuisson : Cuire pendant 20 min à thermostat 4, four préchauffé.

Suggestion : On peut ajouter des pépites de chocolat ou recouvrir les Jean-Bonhommes d'un glaçage.

Gâteau d'anniversaire de Jeanne

(Gâteau à la confiture)
175 g de sucre en poudre
1 soupçon de sel fin
1 paquet de levure chimique
1 paquet de sucre vanillé
500 g de farine
un peu d'alcool (si on veut)
125g de saindoux - Mélanger tous les ingrédients
3 œufs, 3 c. à soupe d'eau - Bien battre les œufs et l'eau, ajouter à la pâte. Si la pâte est trop sèche, ajouter un peu d'eau.

Mode : laisser ensuite reposer la boule de pâte une heure.
Partager la pâte en deux : étaler la pâte délicatement avec un rouleau et la soulever aussi délicatement sur le rouleau, pour l'étendre dans le fond d'un moule à tarte beurré (30 cm de diamètre environ), le fond piqué avec une fourchette.

Confiture de prunes (300 à 400 g) - Tartiner de confiture de prunes. Recouvrir délicatement avec l'autre moitié de pâte et pincer les bords.

1 bol de lait tiède très sucré
1 jaune d'œuf - Mélanger et badigeonner le dessus du gâteau. Faire quelques dessins avec une fourchette sur la pâte.

Cuisson : four thermostat 5 pendant ¾ d'heure ou 1 h, selon...

Surtout découper le gâteau <u>froid</u>, en rectangles.

Gâteaux roses

12 gros macarons (3 personnes)
3 blancs d'œufs - Fouetter les blancs en neige
4 gouttes de colorant rouge
240 g de sucre glace
140 g d'amandes en poudre - Ajouter et verser dans une poche à douille lisse.

Mode et cuisson. Four préchauffé à 240° (th.7). Poser les gros macarons sur une plaque couverte de papier sulfurisé et les cuire pendant 20 min à 180° (th. 5). Verser un peu d'eau entre la plaque et le papier, les macarons se détacheront mieux. Les laisser refroidir.

Crème à la rose

3 jaunes d'œufs
3 œufs- Verser dans une terrine et fouetter jusqu'à ce que le mélange blanchisse.
75 cl d'eau - Cuire au petit boulé à 120° et verser le sirop en filet sur les œufs battus et continuer à fouetter doucement en refroidissant la préparation.
250 g de beurre - Quand le mélange est froid, travailler le beurre en pommade et l'incorporer sans cesser de battre.
30 g de sirop de rose - Ajouter

Montage :
1 petit paquet de dragées roses - Il faut 4 macarons par personne.
Poser un macaron sur une assiette, le recouvrir d'un cm de crème à la rose. Poser dessus un macaron.
Décorer avec des dragées.

Gâteau au chocolat et aux épices

300 g de farine blanche
1 paquet de levure chimique
250 g de sucre
1 paquet de sucre vanillé
6 œufs - Mélanger
200 g de chocolat noir
12 c. à soupe d'eau chaude
250 g de beurre fondu aux micro-ondes - Mélanger et ajouter

½ c. à café de cannelle
1 pincée de clous de girofle moulus
1 c. à café d'anis vert
1 goutte d'extrait d'amande amère
3 c. à soupe de raisins de Corinthe (qu'on peut faire macérer dans du rhum ou du cognac)
2 c. à soupe d'amandes ou noisettes
grossièrement moulues - Ajouter tous les ingrédients dans l'ordre à l'aide d'une spatule en bois. Verser dans le moule préparé.

Moule : moule à cake rectangulaire de 30 cm, beurré.

Cuisson : environ 45 min à 200° (th. 4-5) dans un four préchauffé (th.7). Ne pas ouvrir le four avant 15 min.

Conservation : 1 à 2 semaines dans du papier d'aluminium au réfrigérateur. Ce gâteau peut aussi être congelé.

Cake aux fruits confits

Préparation 10 min / cuisson 1 h
250 g de beurre - Travailler le beurre en pommade
250 g de sucre en poudre - Ajouter
8 œufs - Ajouter les œufs un à un, en mélangeant à chaque fois, au batteur électrique, jusqu'à ce que le mélange blanchisse
450 g de farine
1 sachet de levure chimique
200 g de fruits confits macérés
Avec ½ verre de rhum - Mélanger à la préparation et verser dans le moule beurré.

Moule : moule à cake beurré de 30 cm de long.

Cuisson : Four préalablement chauffé à 240° (th.7). enfourner le gâteau pendant 1 h à four moyen : 180° (th.4-5), jusqu'à ce que le dessus du gâteau devienne légèrement doré. Sortir le gâteau du four et le laisser refroidir.

Petits fours de Noël ou Schwowebretles

Préparation 90min / cuisson 15 min
250 g de beurre - Malaxer et ajouter tous les ingrédients en remuant.
150 g d'écorce d'orange confite et hachée
250 g de poudre d'amandes
250 g de sucre fin
2 jaunes d'œufs
zeste d'un quart de citron râpé
5 g de cannelle en poudre
500 g de farine
et un jaune d'œuf supplémentaire.

Mode : Pétrir pendant quelques minutes pour obtenir une pâte bien homogène, de consistance assez ferme.
Ajouter le troisième jaune d'œuf, si, en cours de pétrissage, la pâte s'avère trop sèche.
Laisser reposer au frais pour que la pâte durcisse.
Étaler cette pâte sur 3 mm d'épaisseur, découper avec des formes de cœur, étoile, etc.
Poser sur une plaque beurrée, dorer le dessus avec l'œuf battu.

Cuisson : Cuire à four moyen.

Remarque : Il est préférable de préparer la pâte la veille de son utilisation, elle se conserve pendant 2 à 3 jours.

Biscuit roulé à la framboise

Préparation 5 min / cuisson 10 à 15 min
150 g de sucre semoule
2 jaunes d'œufs - Travailler jusqu'à ce que le mélange blanchisse.
100 g de farine
½ tasse à thé de lait, soit 10 cl
1 c. à café de levure chimique
ou une pincée de bicarbonate de soude - Ajouter et mélanger
2 blancs d'œufs
1 pincée de sel - Battre en neige ferme, mélanger et incorporer délicatement au mélange et étendre sur une plaque rectangulaire recouverte de papier sulfurisé ou d'aluminium.

Cuisson : Four préalablement chauffé à 240°. Enfourner le gâteau pendant 10 à 15 min à four moyen thermostat 4, jusqu'à ce que le dessus du gâteau devienne légèrement doré.

Sortir le gâteau du four, le laisser refroidir pendant 2 min et le retourner sur un torchon sec (côté papier d'aluminium sur le dessus).

Garniture :
100 g de confiture de framboise
3 c. à soupe de sucre glace - Ne pas le laisser refroidir et enlever le papier par bandes, le rouler avec le torchon, le dérouler et le garnir de confiture. Le rouler à nouveau, puis le saupoudrer de sucre glace.

Suggestion : Vous pouvez doubler les ingrédients, si vous désirez un gâteau plus gros.

Bonbons au café

300 g de sucre en poudre
50 g de beurre
200 g de crème fraîche
1 gousse de vanille
1 tasse de café fort
½ jus de citron

Mode : Mettre tous les ingrédients dans une casserole et chauffer à la limite du bouillon en remuant sans cesse. Quand la préparation devient dorée, la verser sur une plaque beurrée et la couper en petits carrés, encore, tiède.

Bonbons à la menthe

250 g de sucre glace
1 c. à soupe d'alcool de menthe - À mélanger
1 blanc d'œuf

Mode : Battre l'œuf en neige et l'incorporer doucement à la préparation. Étendre la pâte obtenue au rouleau sur une plaque : épaisseur ½ cm. Couper des petits carrés, des petits ronds avec un emporte-pièce ou faire de petites boules avec les doigts. Les laisser reposer une nuit dans un endroit sec et les saupoudrer de sucre glace.

Conservation : 1 à 2 mois dans une boîte en fer.

Caramels mous

800 ml de lait
200 g de crème fraîche
1 kg de sucre

Mode : Dans une casserole, mélanger le sucre, le lait et la crème. Cuire jusqu'à obtenir une couleur dorée. Huiler une plaque et y verser la pâte chaude, puis la couper en petits carrés.

Limonade

Pour 10 l.
10 l d'eau
6 citrons
1,5 kg de sucre en poudre
2 feuilles de sauge
1 pincée de feuilles de tilleul
1 pincée de thé noir
½ l de bière

Mode : Faire cuire dans 2 l d'eau les écorces de citron, les feuilles de sauge et de tilleul pendant 30 min. ajouter le sucre et le thé. Passer le tout et ajouter les 8 l d'eau restants, la bière et mettez en bouteilles. Exposer au soleil pendant 4 jours.
Vous pouvez consommer votre limonade.

Hydromel

1 l de vin rouge
200 g de miel
100 g de cannelle en bâtons

Mode : Verser tous les ingrédients dans un pot protégé par un film. Laisser sur un rebord de fenêtre exposé au soleil pendant trois jours. Remuer au moins une fois par jour. Mettre en bouteille et laisser reposer encore 3 jours. Vous pouvez le boire avant chaque repas.

Sirop aux oranges

Préparation 15 min / repos 3 jours
45 g d'acide citrique (en poudre)
2 l d'eau - Délayer l'acide citrique dans l'eau froide
Zestes de 5 oranges lavées
2 kg de sucre - Ajouter tous les ingrédients.

Mode : Recouvrir d'un linge et laisser au réfrigérateur 3 jours. Verser le liquide dans des bouteilles de limonade.

Tableau de correspondance des graduations

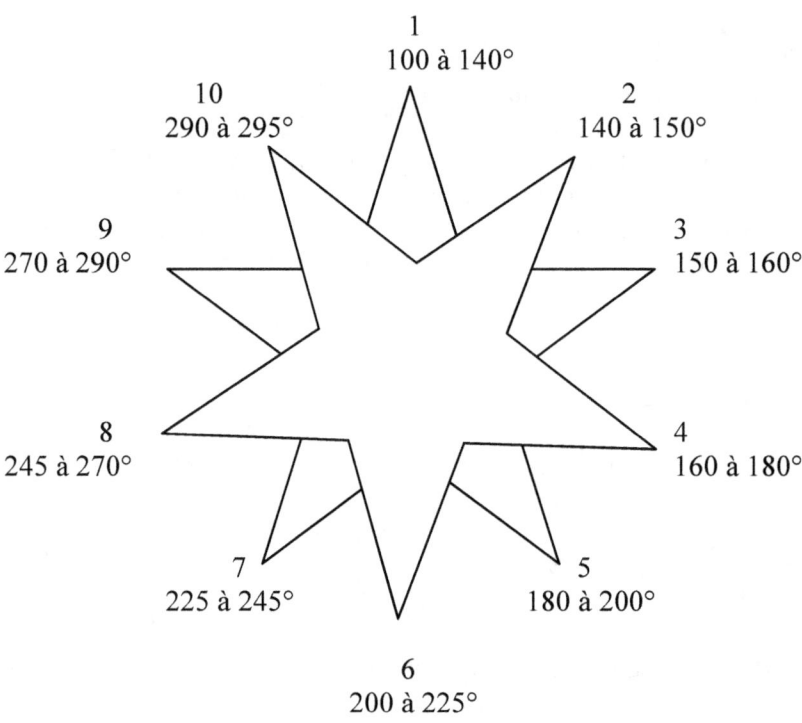

Poids et mesures

1 litre d'eau	8 à 10 verres d'eau
1 bouteille de vin	6 à 7 verres à vin
1 bouteille de Champagne	6 à 7 coupes
1 bouteille de Porto	8 à 10 verres à Porto
1 verre ordinaire	10 cl
6 cuillerées à soupe	10 cl
1 verre à vin	10 cl
1 verre à madère	6 cl
5 ml	0,5 cl
15 ml	1,5 cl
1 cuillerée à soupe d'eau	18 g
1 cuillerée à soupe de sucre	15 g
1 cuillerée à soupe de farine	12 g
1 cuillerée à café d'eau	5 g
1 cuillerée à café de sucre	5 g

© 2012, Potet
Edition : BoD - Books on Demand
12/14 rond-point des Champs Elysées
75008 Paris
Imprimé par Books on Demand, Norderstedt, Allemagne
ISBN : 9782810625260
Dépôt légal : novembre 2012

Adresse :
63 Place de l'Hôtel de Ville - 70110 VILLERSEXEL
Tél : 03 84 20 51 53 ; Fax : 03 84 20 50 36

www.ingramcontent.com/pod-product-compliance
Lightning Source LLC
Chambersburg PA
CBHW050021230526
45470CB00003B/1072